Cows Can't JUMp
Las vacas no pueden saltar

por Dave Reisman
Illustraciones por Jason A. Maas

JumpingCowPress.com

JUMPING COW PRESS

Por Isaac, Rachel, Eli & Emma

Con amor,

DR

Published by Jumping Cow Press
JumpingCowPress.com

©2018 Jumping Cow Press
All rights reserved

CPSIA Notice
This edition of "Cows Can't Jump" was manufactured,
printed and bound in June 2018 by Wai Man Book Binding (China) Limited in
Dongguan City, China in full compliance with the United States Consumer Product
Safety Improvement Act

Las vacas no pueden saltar...
Cows can't jump...

...pero pueden nadar.
...but they can swim.

Los gorilas no pueden nadar...
Gorillas can't swim...

...pero pueden columpiar.
...but they can swing.

Las jirafas no
pueden columpiar...
Giraffes can't swing...

...pero pueden galopar.
...but they can gallop.

Las serpientes no pueden galopar...
Snakes can't gallop...

...pero pueden culebrear.
...but they can slither.

Los toros no
pueden culebrear...
Bulls can't slither...

10

...pero pueden salir
en estampida.
...but they can stampede.

Los canguros no pueden salir
en estampida...

Kangaroos can't stampede...

...pero pueden brincar.
...but they can hop.

Las tortugas no pueden
brincar...
Turtles can't hop...

...pero pueden tirarse
de cabeza.
...but they can dive.

Los murciélagos no pueden
tirarse de cabeza...
Bats can't dive...

...pero pueden volar.
...but they can fly.

Los cerdos no pueden volar...
Pigs can't fly...

...pero pueden revolcarse.
...but they can wallow.

Los gatos no pueden
revolcarse...
Cats can't wallow...

...pero pueden lanzarse.
...but they can pounce.

os peces
o pueden
anzarse...
Fish can't
pounce...

...pero pueden surgir.
...but they can spring.

Los patos no pueden surgir...
Ducks can't spring...

...pero pueden anadear.
...but they can waddle.

...pero pueden escabullirse.
...but they can scurry.

Los caballos no pueden
escabullirse...

Horses can't scurry...

...pero pueden galopar.
...but they can canter.

Las ardillas no pueden galopar...
Squirrels can't canter...

...pero pueden deslizarse.
...but they can glide.

Los mapaches no pueden deslizarse...

Raccoons can't glide...

...pero pueden subir.
...but they can climb.

Los elefantes
no pueden
subir...
Elephants
can't climb...

34

Las lagartijas no pueden pisotear...
Lizards can't trample...

...pero pueden saltar.
...but they can leap.

Los perezosos no
pueden saltar...
Sloths can't leap...

38

...pero pueden dormir.
...but they can sleep.

¡Visite el sitio web de Jumping Cow Press para nuestra tienda, recursos de aprendizaje imprimibles gratis y más!

www.jumpingcowpress.com

Disponible en formato de bolsillo, formato de cartón duro y formato digital.

Visit the Jumping Cow Press website for our shop, free printable learning resources and more!

www.jumpingcowpress.com

Available in Paperback, Stubby & Stout™ and eBook Formats